Dirección editorial M.ª Jesús Díaz

Texto original José Morán
Adaptación Estelle Talavera
Revisión Isabel López
Ilustraciones Francisco Solé
Diseño y edición Estelle Talavera
Diseño de colección José Delicado

© SUSAETA EDICIONES S.A.
C/ Campezo, 13 - 28022 Madrid
Tel.: 91 3009100
www.susaeta.com

el **placer** de **LEER** CON *SUSAETA*

Miguel Ángel

Ilustraciones de Francisco Solé

Miguel Ángel

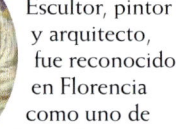

Uno de los mayores artistas del Renacimiento. Escultor, pintor y arquitecto, fue reconocido en Florencia como uno de los mejores.

Lorenzo de Medici

Fue un gran mecenas florentino, amigo de Miguel Ángel y apasionado de las artes. También fue diplomático, banquero, poeta y filósofo.

ALGUNAS DE SUS CREACIONES

La Piedad

Fue una de sus primeras grandes obras. Tan solo tardó un año en esculpirla y le dio gran fama. Mide casi dos metros y es su única escultura firmada.

David

Esta gran obra, esculpida de una sola pieza en un enorme bloque de mármol, mide unos cinco metros y es una perfecta representación del cuerpo masculino.

Moisés

Esta bella escultura de mármol formaba parte de un gran encargo: la tumba del papa Julio II en la basílica de San Pedro. Sin embargo, el ambicioso proyecto se truncó.

Capilla Sixtina

Se trata de su gran obra maestra pictórica. Un encargo que el artista, en un principio, rechazó. Lo pintó sobre andamios, a 20 metros de altura.

La Sagrada Familia

También conocida como *Tondo Doni,* es un cuadro circular de 120 centímetros de diámetro que el artista pintó al óleo, por encargo de un amigo, hacia 1506.

Basílica de San Pedro

Miguel Ángel fue el arquitecto responsable de la imagen exterior de esta obra portentosa. Por desgracia, no pudo verla terminada.

Índice

8

Artista del Renacimiento

Miguel Ángel representa por sí solo el espíritu del Renacimiento, al igual que Leonardo da Vinci, con quien coincidió en espacio y tiempo. Se le considera el mejor escultor de todos los tiempos, aunque también fue un prodigioso pintor y un gran arquitecto.

El Renacimiento

Florencia era por entonces, en el siglo XV, una de las ciudades más prósperas, y eso se reflejaba en su creciente esplendor cultural, artístico e intelectual. La ciudad se llenó de artistas y artesanos, protegidos por los mecenas.

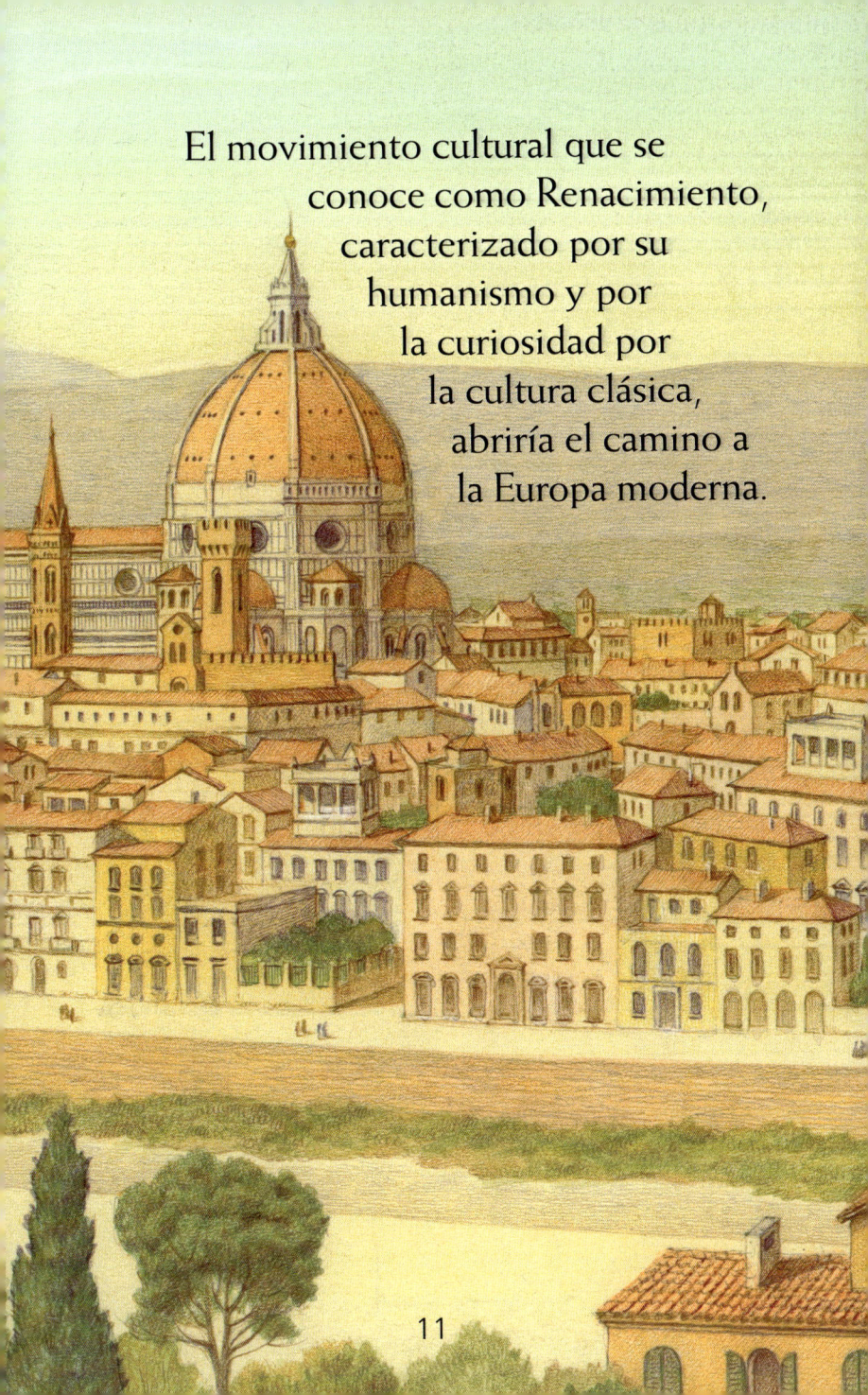

El movimiento cultural que se
conoce como Renacimiento,
caracterizado por su
humanismo y por
la curiosidad por
la cultura clásica,
abriría el camino a
la Europa moderna.

Infancia

El nombre completo de Miguel Ángel era Michelangelo Buonarroti Simoni. Nació en Caprese, en la Toscana (Italia), el 6 de marzo de 1475.

Fue el segundo de cinco hijos, todos varones.

Familia adoptiva

Vivió con su nodriza hasta los siete años. Siempre guardó un buen recuerdo de ella y la visitó muchas veces.

Su padre, Ludovico di Leonardo Buonarroti, procedía de una larga dinastía de hombres que habían ocupado cargos públicos importantes. Sin embargo, él no pudo mantener esa posición social. Miguel Ángel llegó precisamente en ese momento de crisis económica familiar.

Su madre, Francesca di Neri, estaba
enferma y él quedó a cargo de una
nodriza. Esta mujer pertenecía a una
humilde familia de picapedreros que
trabajaban en una cantera de mármol.

El pequeño vivió con ellos, rodeado de mármol, cinceles, martillos y todo tipo de herramientas que más tarde usaría. Para él esculpir era natural, pues hasta sus pañales estaban cubiertos de polvo de mármol... Cuando tenía 6 años, su madre falleció. Dos años más tarde, dejó a su familia adoptiva y volvió con la suya.

Juguetes de piedra

En la cantera ya esculpió sus primeras piezas mientras jugaba.

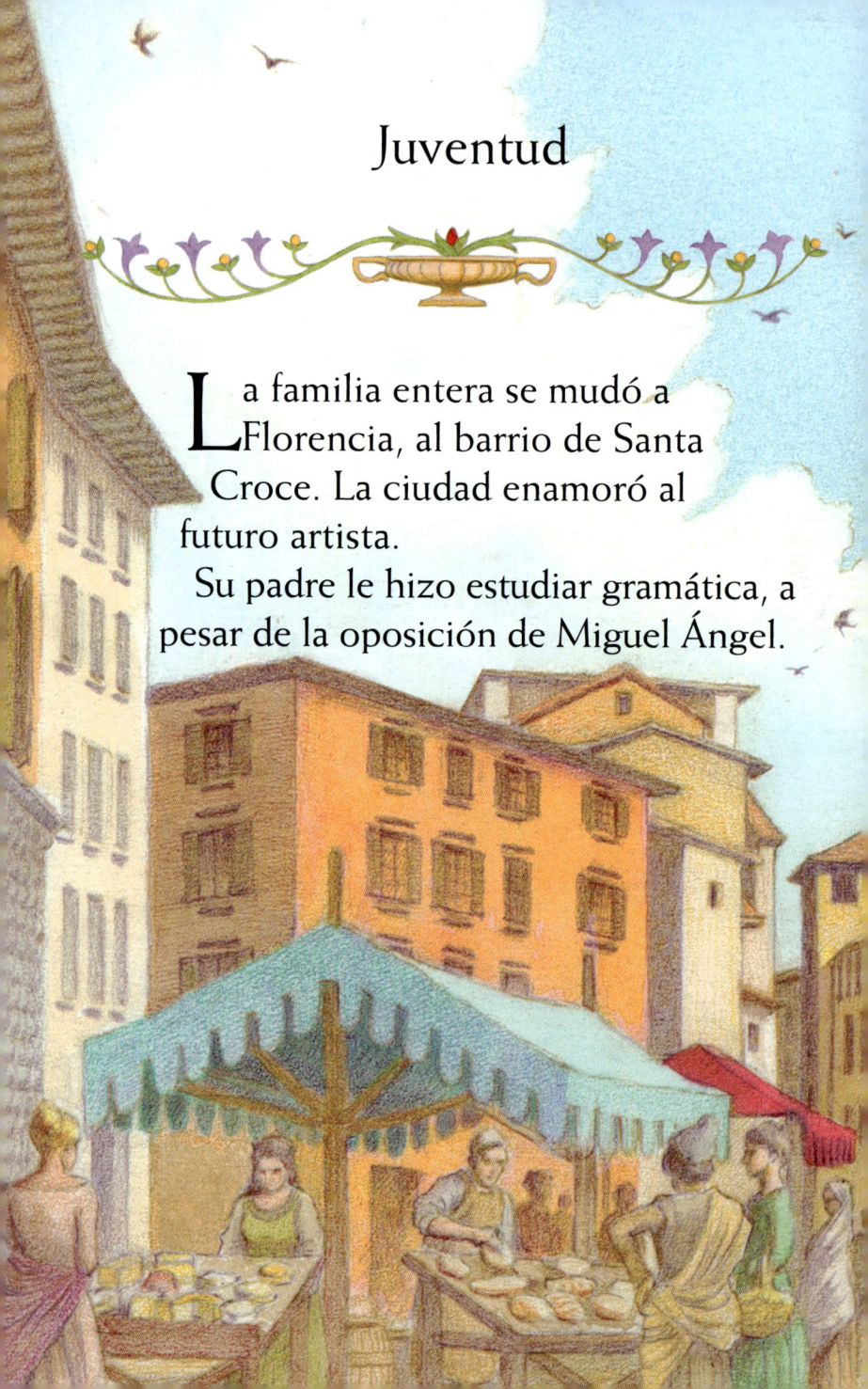

Juventud

La familia entera se mudó a Florencia, al barrio de Santa Croce. La ciudad enamoró al futuro artista.

Su padre le hizo estudiar gramática, a pesar de la oposición de Miguel Ángel.

Tuvieron muchas discusiones, pues Miguel Ángel deseaba ser escultor, pero para Ludovico ese no era un oficio digno. Fue un alumno pésimo, ya que nada le interesaba.

Su desconocida familia

En Florencia empezó a vivir con sus hermanos, grandes desconocidos para él. Al principio le costó mucho, se sentía un intruso, pero aprendió a quererlos.

Si algo caracterizaba a Miguel Ángel era su terquedad. Tanto insistió que finalmente, a la edad de 13 años, logró empezar a trabajar como aprendiz en el taller del artista Ghirlandaio. El salario era modesto, pero por fin lograba dedicar su tiempo e ingenio al arte. Allí aprendió mucho y dio muestras de tener una asombrosa facilidad para el dibujo, a pesar de no ser lo que más le gustaba.

Da Vinci

Cuando Leonardo da Vinci, que ya era un artista famoso, conoció a Miguel Ángel, dijo de él que le recordaba a un panadero porque siempre iba manchado de polvo blanco, aunque no de harina, sino de mármol.

Lorenzo de Medici

De todos los Medici, Lorenzo, apodado «el Magnífico», fue quien más ayudó a Miguel Ángel durante su formación. Fue un gran mecenas de las artes, es decir, que ayudaba moral y económicamente a los artistas de forma desinteresada.

Un alumno destacado

En el taller de Ghirlandaio conoció al gobernador de Florencia, Lorenzo de Medici, quien quedó profundamente impresionado por el talento de Miguel Ángel, que por entonces tenía 14 años.

Escultor de ángeles

El talento tan evidente de Miguel Ángel generó envidias, como la del escultor Torrigiano, que le rompió la nariz de un puñetazo.

Nariz deforme

Su nariz nunca volvió a estar recta. Miguel Ángel decía de sí mismo que parecía un espantapájaros.

La Piedad, su primera gran creación

Cuando le llegó el encargo de esculpir *La Piedad*, Miguel Ángel ya había realizado grandes piezas, pese a su juventud. Sin embargo, esta gran obra de casi dos metros, a la que dedicó el trabajo de todo un año, le dio gran fama.

La serenidad y equilibrio de la Virgen ante el dolor respondían a la influencia de la estética clásica del Renacimiento.

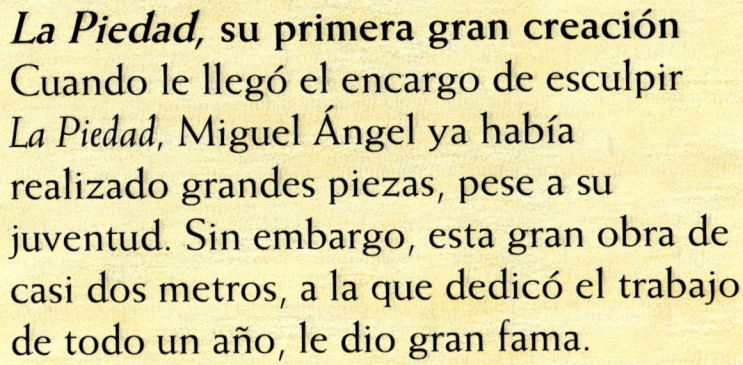

En San Pedro

Actualmente se encuentra en la basílica de San Pedro, en la Ciudad del Vaticano.

Una pieza

Miguel Ángel
siempre talló
esculturas en una
sola pieza.
«Vi al ángel dentro
del bloque de
mármol y lo tallé
hasta dejarlo en
libertad».

24

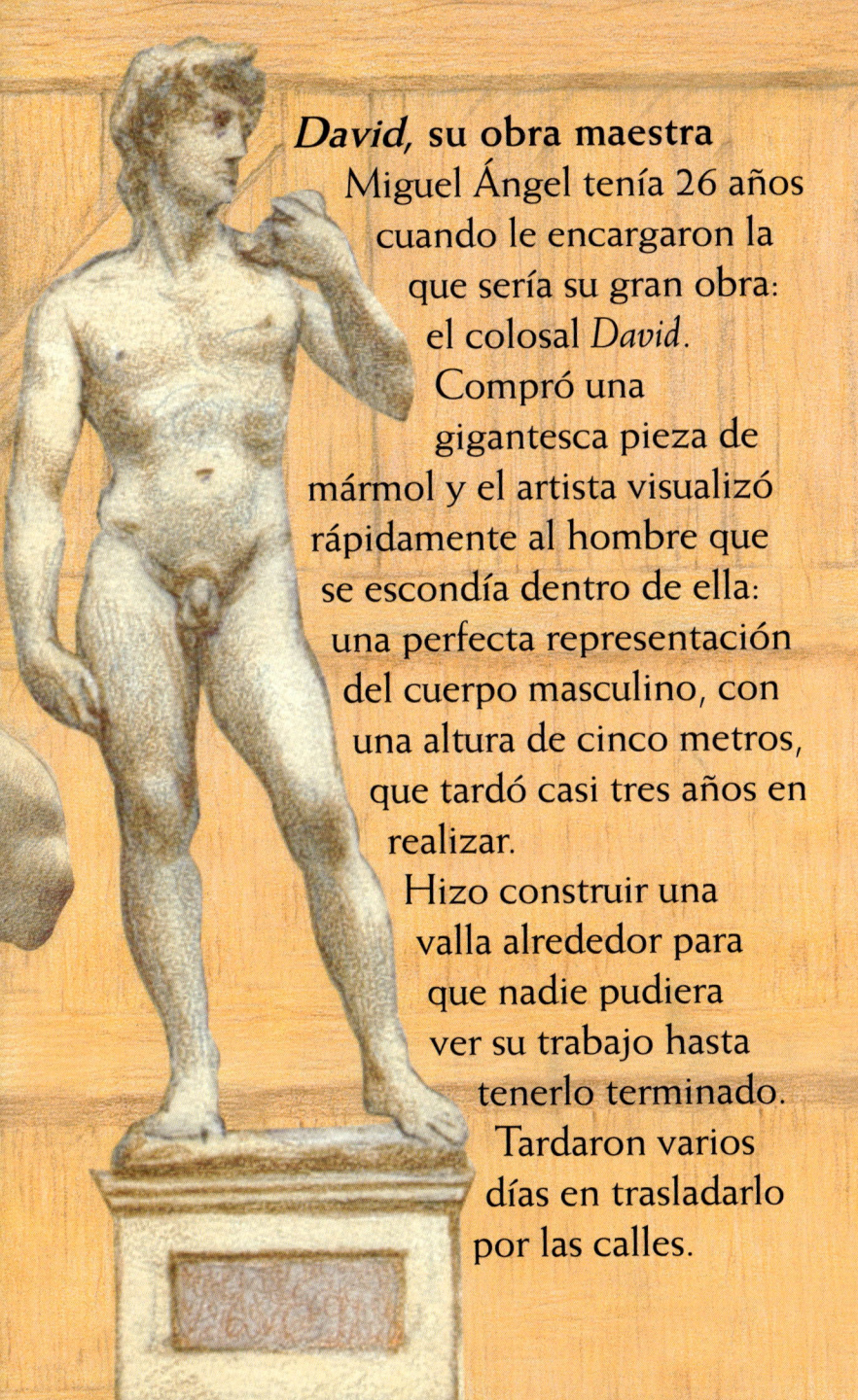

David, su obra maestra

Miguel Ángel tenía 26 años cuando le encargaron la que sería su gran obra: el colosal *David*.

Compró una gigantesca pieza de mármol y el artista visualizó rápidamente al hombre que se escondía dentro de ella: una perfecta representación del cuerpo masculino, con una altura de cinco metros, que tardó casi tres años en realizar.

Hizo construir una valla alrededor para que nadie pudiera ver su trabajo hasta tenerlo terminado. Tardaron varios días en trasladarlo por las calles.

Moisés, el titán del monte Sinaí

Esta bella estatua de mármol blanco iniciada en 1513 fue protagonista de una de las mayores decepciones del artista. No por la obra en sí, sino porque el encargo original del papa Julio II era el de construir en la basílica de San Pedro su tumba, que debería ser monumental y adornada con 170 estatuas. Sin embargo, el proyecto fue menguando a consecuencia de la reconstrucción de la basílica, a la que fue a parar la mayor parte de los fondos.

Al final, el encargo terminó siendo una tumba en un muro sencillo y con apenas tres estatuas, entre ellas el imponente Moisés, que levantó gran admiración, pues parecía estar vivo. Y en vez de situarse en la espectacular basílica de San Pedro, se encuentra en una iglesia del monte Esquilino.

Cuernos por error

El artista representó a Moisés con cuernos porque se basó en una interpretación errónea de la Biblia: «De su rostro emanaban cuernos», en vez de la traducción correcta, que sería: «De su rostro emanaba una luz radiante».

Primera pintura

Su primer cuadro
lo pintó con
12 años. Se trata
de *El tormento de
san Antonio.*

Pintor bajo presión

Nunca quiso ser pintor. Su pasión era la escultura, pero dedicó nada menos que casi veinte años a la pintura; no fue por decisión propia, sino que se trataba de encargos.

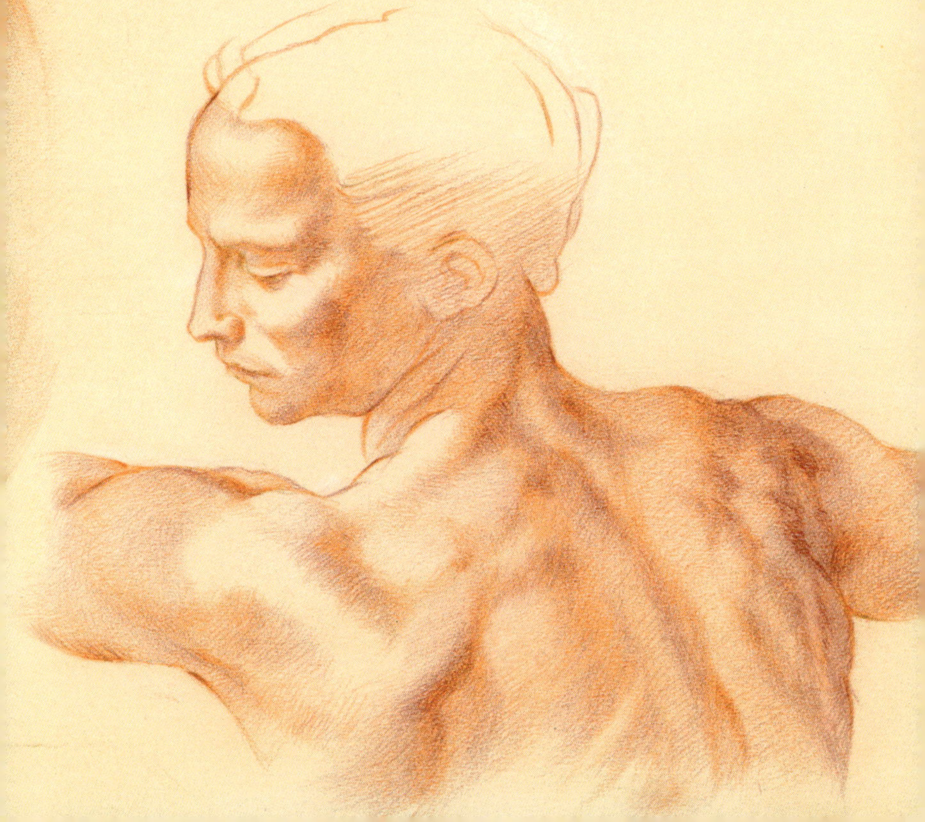

La Sagrada Familia

A los 30 años pintó esta escena sobre una madera circular de 120 cm de diámetro por encargo de un amigo, Agnolo Doni, como regalo para su esposa. Cuerpos escultóricos, movimiento, expresividad... su estilo estaba marcado.

La Capilla Sixtina

Esta fue su obra maestra pictórica, sin duda.

Corría el año 1508. El papa Julio II le encargó decorar toda la bóveda de su residencia, el Palacio Apostólico de la Ciudad del Vaticano. Al principio, Miguel Ángel se resistió a ello. Era una obra titánica, los techos eran altísimos, y la técnica, al fresco, muy laboriosa.

Detalle de la Capilla Sixtina

Impaciencia

El papa acudía a menudo a la capilla, impaciente, pues quería ver la obra acabada. Como ambos tenían mucho genio, discutían continuamente.

El Juicio Final, *fresco de la Capilla Sixtina*

A pesar de ello, el papa insistió mucho en que lo realizara Miguel Ángel, pues sabía que el resultado sería espectacular si el proyecto estaba en sus manos. Además estaría muy bien pagado.

Finalmente el artista tuvo que acceder y trabajó en ello sin descanso, a veces ayudado por aprendices que pintaban bajo sus estrictas directrices. Sin embargo, la mayor parte del proyecto fue realizado por él solo. A veces, descontento con el resultado, rompía algunas partes que luego había que enyesar de nuevo. Realizó cientos de bocetos con modelos masculinos para cada uno de los personajes. ¡Y todo a 20 metros de altura!

El resultado fue una auténtica obra maestra de compleja iconografía y con más de 300 figuras en distintas posiciones.

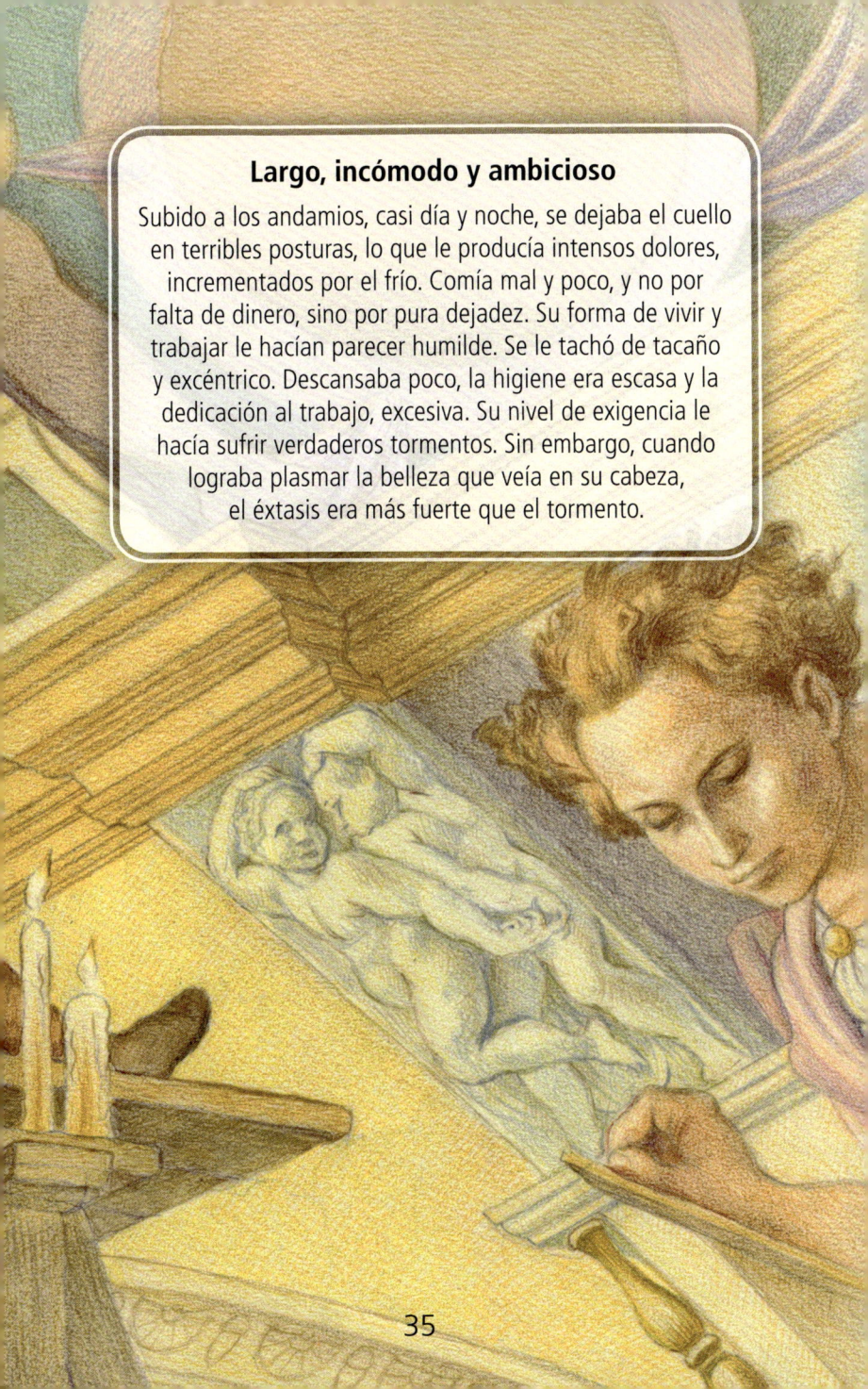

Largo, incómodo y ambicioso

Subido a los andamios, casi día y noche, se dejaba el cuello en terribles posturas, lo que le producía intensos dolores, incrementados por el frío. Comía mal y poco, y no por falta de dinero, sino por pura dejadez. Su forma de vivir y trabajar le hacían parecer humilde. Se le tachó de tacaño y excéntrico. Descansaba poco, la higiene era escasa y la dedicación al trabajo, excesiva. Su nivel de exigencia le hacía sufrir verdaderos tormentos. Sin embargo, cuando lograba plasmar la belleza que veía en su cabeza, el éxtasis era más fuerte que el tormento.

La Capilla Paulina

En 1542, cuando el artista tenía ya 67 años, el papa Pablo III le encargó dos grandes frescos para la Capilla Paulina. Sin embargo, no los pudo terminar hasta ocho años después, pues cayó enfermo tras el fallecimiento de su gran amiga Vittoria Colonna.

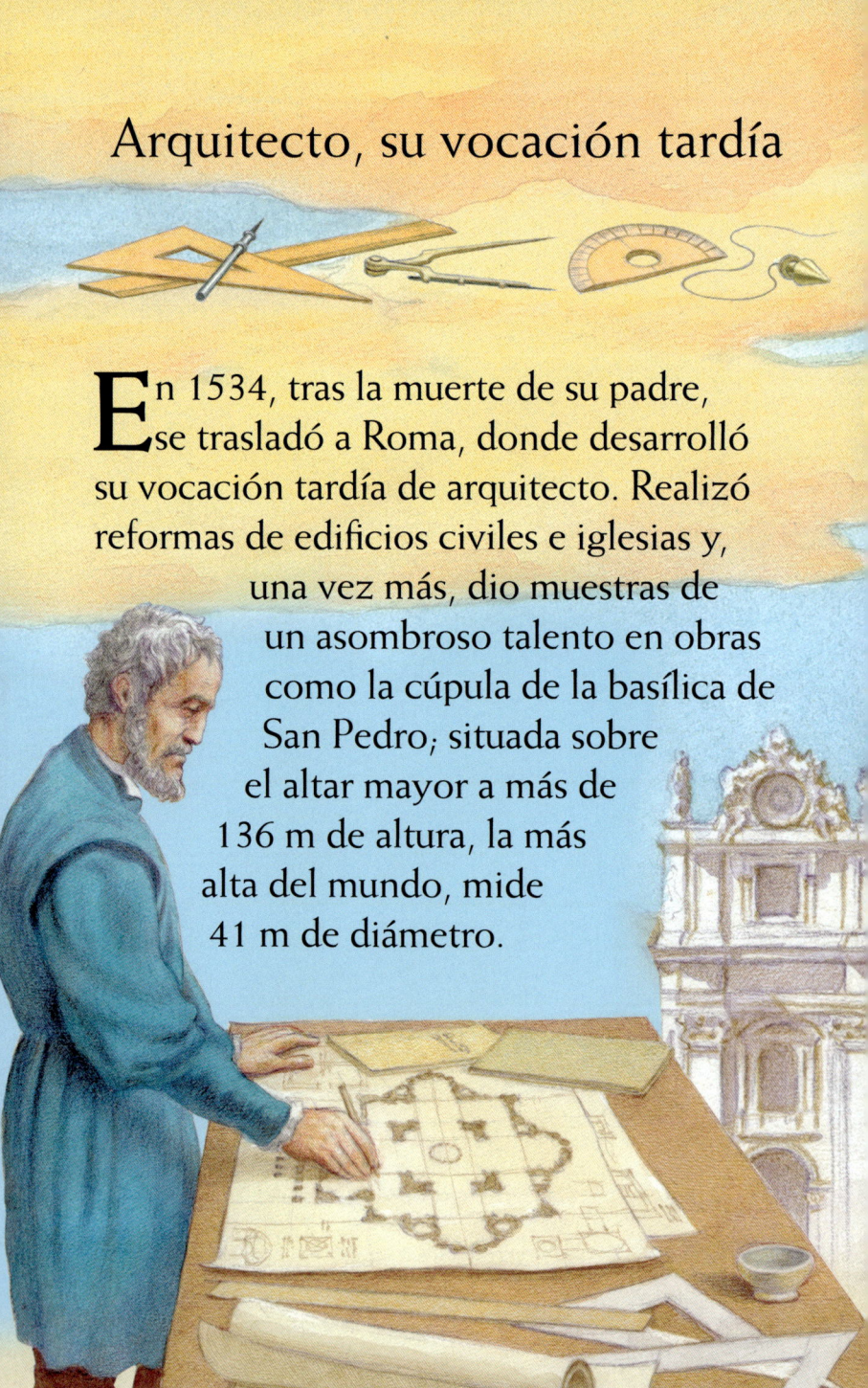

Arquitecto, su vocación tardía

En 1534, tras la muerte de su padre, se trasladó a Roma, donde desarrolló su vocación tardía de arquitecto. Realizó reformas de edificios civiles e iglesias y, una vez más, dio muestras de un asombroso talento en obras como la cúpula de la basílica de San Pedro; situada sobre el altar mayor a más de 136 m de altura, la más alta del mundo, mide 41 m de diámetro.

Basílica de San Pedro

Inmensa

Para llegar a la cúpula, hay que subir 550 escalones. ¡Equivale a la altura de un edificio de unas 45 plantas!

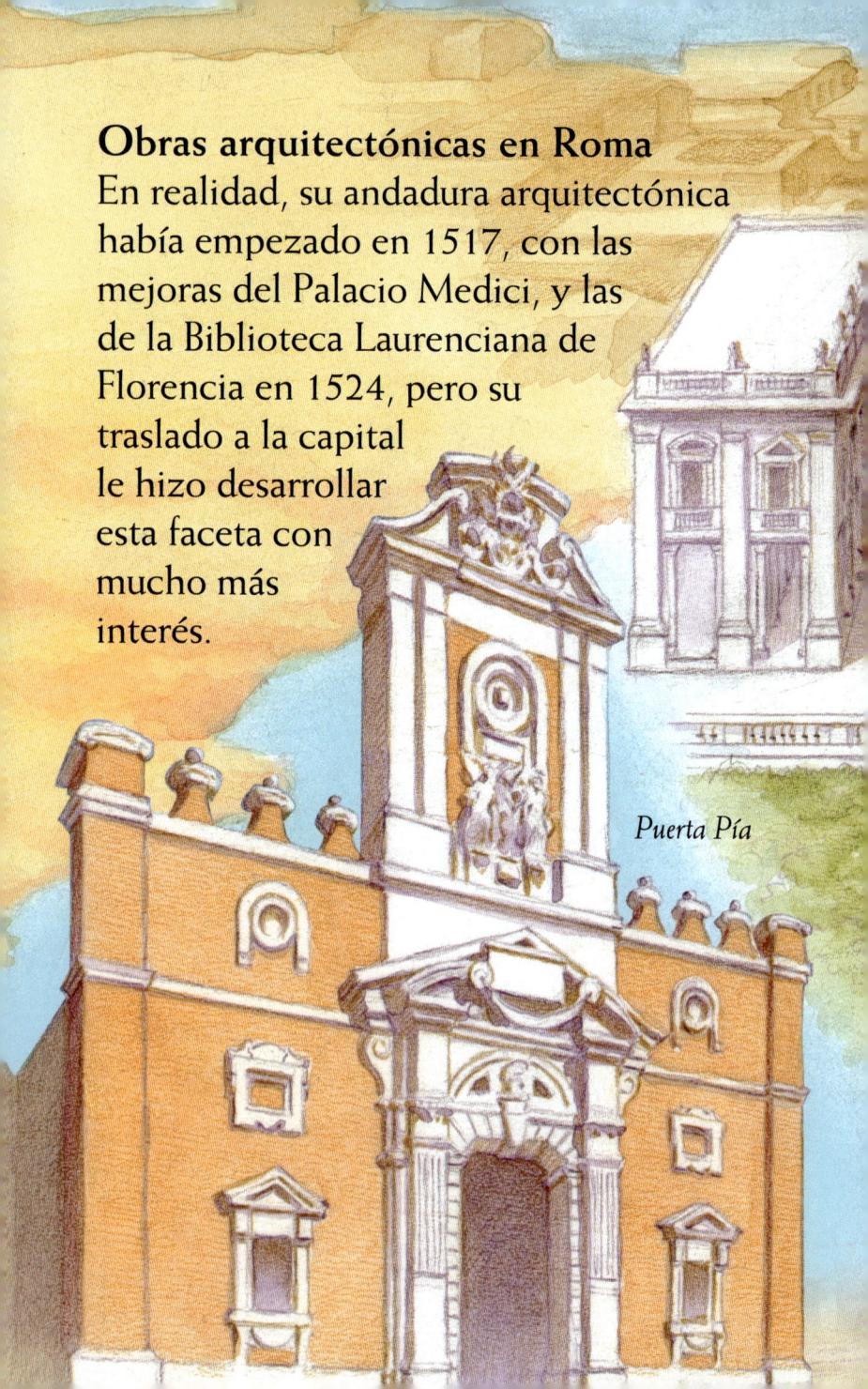

Obras arquitectónicas en Roma

En realidad, su andadura arquitectónica
había empezado en 1517, con las
mejoras del Palacio Medici, y las
de la Biblioteca Laurenciana de
Florencia en 1524, pero su
traslado a la capital
le hizo desarrollar
esta faceta con
mucho más
interés.

Puerta Pía

Plaza del Capitolio

Entre 1534 y 1538, Miguel Ángel remodeló por completo esta plaza, diseñando cada detalle y dándole una nueva orientación. Su estado de abandono, en la célebre colina Capitolina, era lamentable, pues desde la Edad Media se había utilizado como lugar de pasto para las cabras.

Plaza del Capitolio

Puerta Pía

La Puerta Pía, una de las muchas puertas de acceso a la capital italiana, fue diseñada por el artista por orden del papa Pío IV, de ahí su nombre; se construyó entre 1561 y 1565. Miguel Ángel presentó tres bocetos y el pontífice eligió el más barato. Fue su última obra arquitectónica, pues Buonarroti falleció antes de finalizarla.

El hombre tras el artista

Miguel Ángel Buonarroti fue un hombre solitario, aunque conservaba buenos amigos, como la viuda Vittoria Colonna, con quien compartió inquietudes religiosas y culturales.

Amor platónico

No se sabe a ciencia cierta si Miguel Ángel tuvo pareja, ni si esta fue hombre o mujer. Su interés por el cuerpo masculino ha hecho pensar a menudo que era homosexual.

Ella murió
y el artista
se sumió en
un profundo
dolor.

Tommaso, su discípulo

Miguel Ángel tenía 57 años
cuando conoció al joven
Tommaso Cavalieri. Mucho
se ha comentado sobre
esta relación, pero todo
apunta a que solo eran
grandes amigos.
Miguel Ángel
le dedicó
poemas y
cartas.

En ellos
describe
su amor
como «casto».
Su amistad duró
más de 30 años.

Toda la vida
Tommaso, tiempo después,
ya casado y con hijos, siguió
siendo discípulo y amigo del
artista, e incluso le asistió
en la hora de su muerte.
Su amor fue platónico y
de mutua admiración.

Trece papas

A lo largo de su vida, Miguel Ángel conoció a nada menos que trece papas. Varios de ellos le hicieron importantes encargos y mantuvo con algunos una sincera amistad.

Baco con un sátiro

Genio y figura

Buonarroti era un trabajador incansable, e incluso dedicaba tiempo a enseñar de forma desinteresada. Eso sí, su genio era fuerte, muy apasionado e inflexible, y tenía arrebatos de rabia. Sin embargo, quien lograba conocerle bien descubría a un buen hombre. Por eso todos los papas querían que trabajara para ellos.

Cabeza de familia

A pesar de haber estado separado de sus hermanos durante su infancia, los quiso y cuidó mucho a lo largo de su vida.

Con el mayor de ellos, Leonardo, tenía largas discusiones sobre religión, pues ambos eran muy creyentes y se entendían bien.

Cuando este se hizo monje dominico, Miguel Ángel tomó las riendas de la familia.

Tuvo a
su cargo el
cuidado del
patrimonio
familiar, que
logró ampliar.

Tiempos difíciles

Con su hermano Giovanese
la relación fue más complicada.
Miguel Ángel le quería mucho,
pero le reprendía a menudo, pues
el joven era bastante egoísta y
poco considerado con la familia.
Esto se agravó cuando el padre
enfermó.

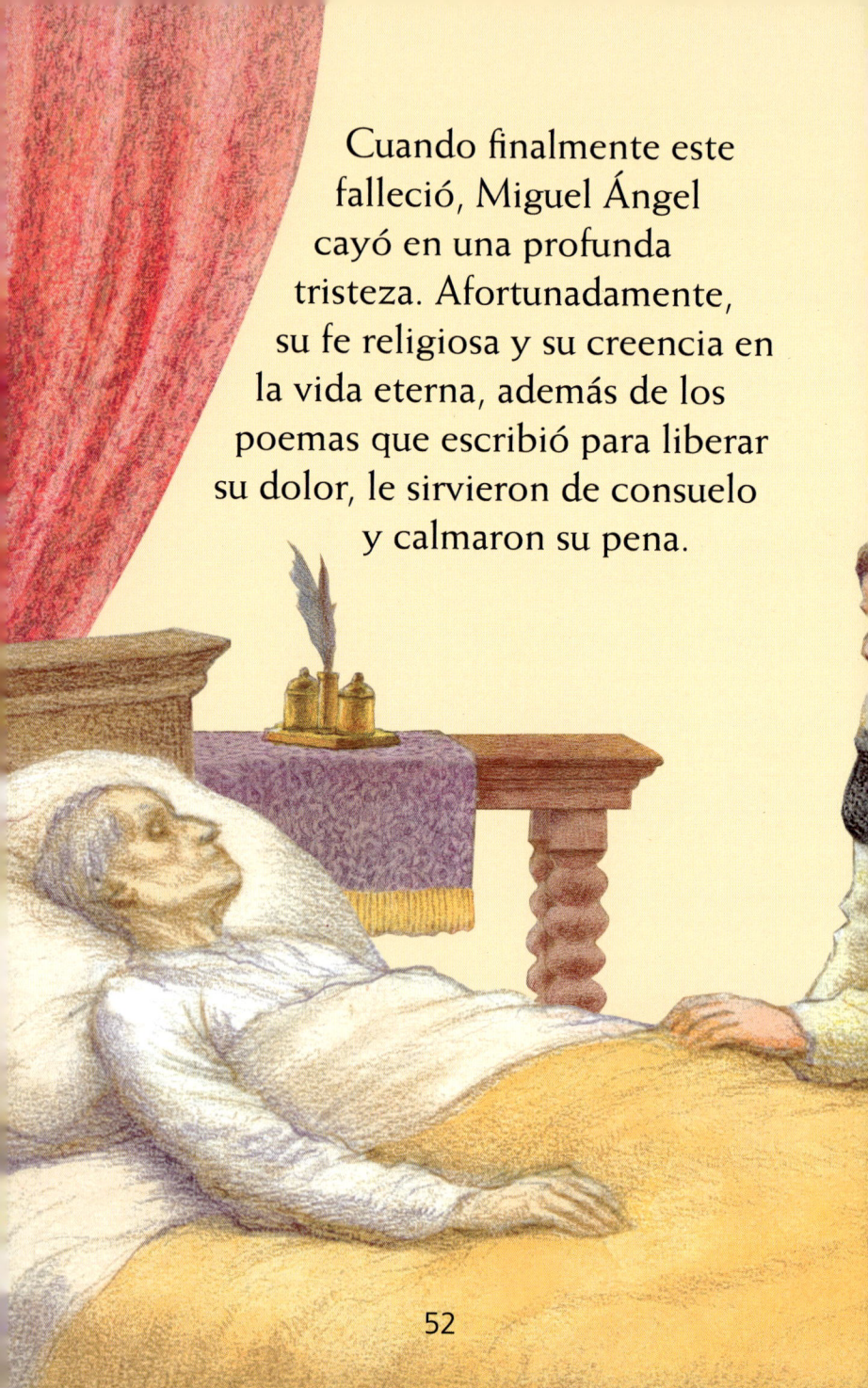

Cuando finalmente este falleció, Miguel Ángel cayó en una profunda tristeza. Afortunadamente, su fe religiosa y su creencia en la vida eterna, además de los poemas que escribió para liberar su dolor, le sirvieron de consuelo y calmaron su pena.

A pesar de haber tenido opiniones tan enfrentadas por su oficio de artista, Miguel Ángel fue quien más lamentó su partida.

Amor incondicional por su familia

Se dice que, cuando se enteró de que su hermano mediano había enfermado de peste, acudió a su lecho a cuidarlo, a pesar de lo contagiosa que era la enfermedad.

Gran creyente

Siempre había sido un gran creyente, pero su fe creció a raíz de pintar la Capilla Sixtina. La austeridad que siempre practicó provenía de su amor por Jesucristo.

Poeta

No solo era bueno con los pinceles y los cinceles, sino también con la pluma. Toda su vida escribió, tanto cartas a amigos como pensamientos personales o poemas. Era un apasionado de Dante y su *Divina comedia*. Escribir era una vía para digerir la vida, entenderla y sobrellevarla. Y en sus escritos demostró tener una gran sensibilidad.

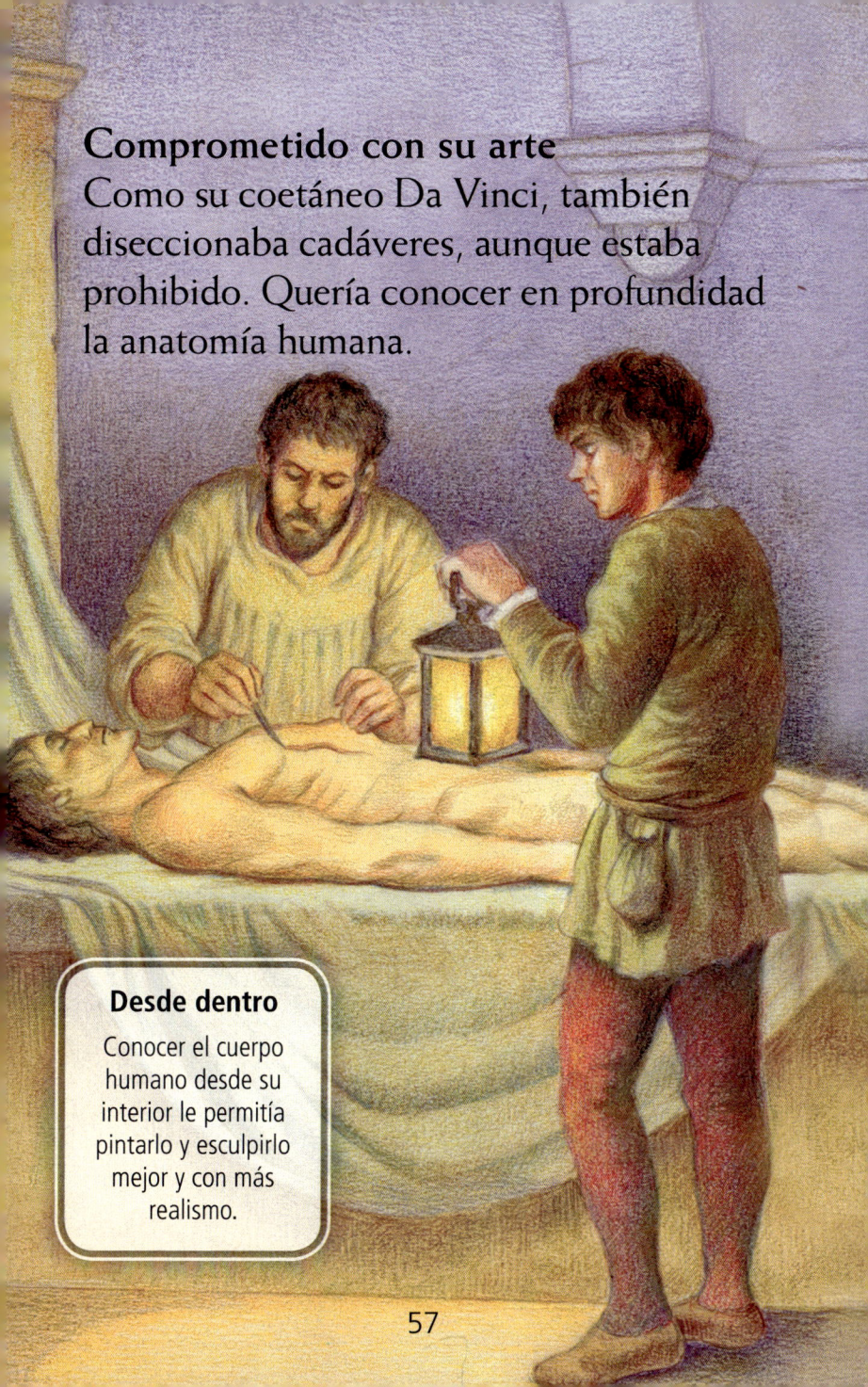

Comprometido con su arte

Como su coetáneo Da Vinci, también diseccionaba cadáveres, aunque estaba prohibido. Quería conocer en profundidad la anatomía humana.

Desde dentro

Conocer el cuerpo humano desde su interior le permitía pintarlo y esculpirlo mejor y con más realismo.

Atormentado, contradictorio y genuino

Miguel Ángel fue un artista lleno de contradicciones, siempre dividido entre la pasión de su salvaje impulso creativo y una melancolía paralizante; entre la autoglorificación y el desprecio por sí mismo; entre la euforia y la ansiedad...

Era tremendamente exigente y raras veces quedaba satisfecho con su trabajo.

Se aislaba voluntariamente, y su pasión por su obra fue tan grande que desatendió muchos otros aspectos de su vida. Se consideraba a sí mismo feo, cruel y loco; sin embargo, despertaba verdadera admiración.

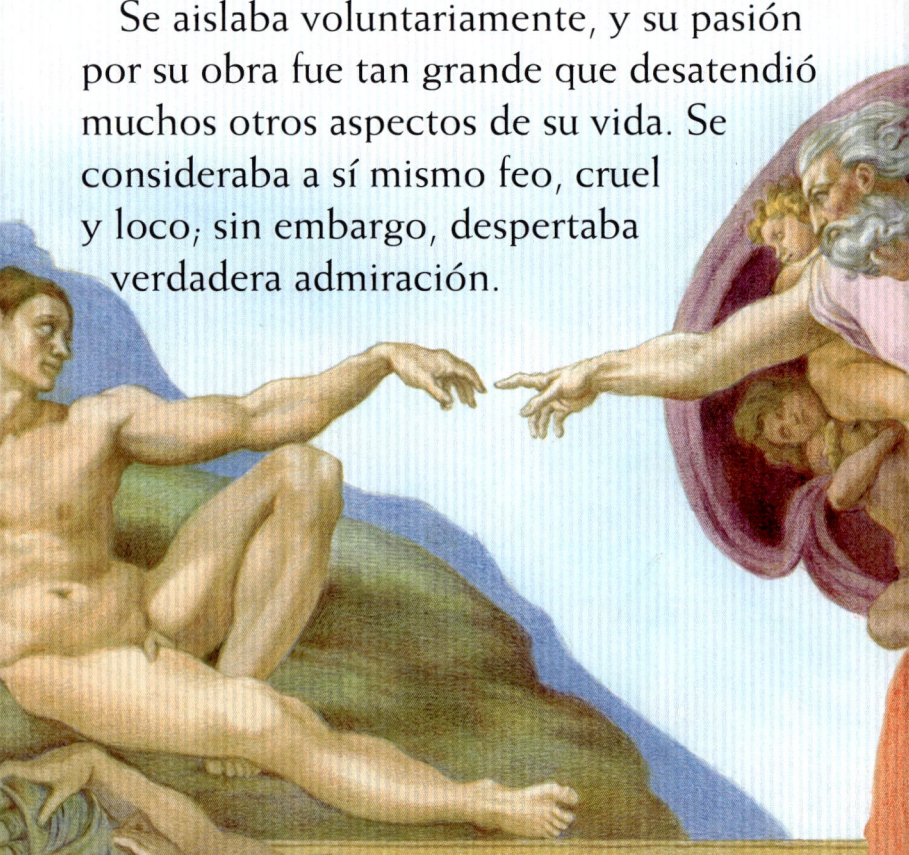

Sus últimos años

En sus últimos años, Miguel Ángel añoraba Florencia, pero seguía teniendo trabajo en Roma.

Su última escultura

La inacabada *Piedad Rondanini* fue su última escultura; de hecho, trabajó en ella seis días antes de fallecer.

Piedad Rondanini

A sus más de 80 años aún tenía grandes encargos, como el mural del *Juicio Final* de la Capilla Sixtina, y dirigía las obras de la basílica y la cúpula de San Pedro. Aun así, lograba encontrar tiempo para pasear y contemplar la naturaleza.

La naturaleza

Esta nueva faceta de mera observación de la naturaleza le hizo lamentar no haberla pintado, pues siempre se había centrado en la figura humana.

Adiós, Buonarroti

En su testamento escribió: «Dejo mi alma en manos de Dios, mi cuerpo a la tierra y mis bienes a los familiares más próximos».

Falleció en Roma el 18 de febrero de 1564. A su lado estaban su secretario, su gran amigo Tommaso y un sobrino.

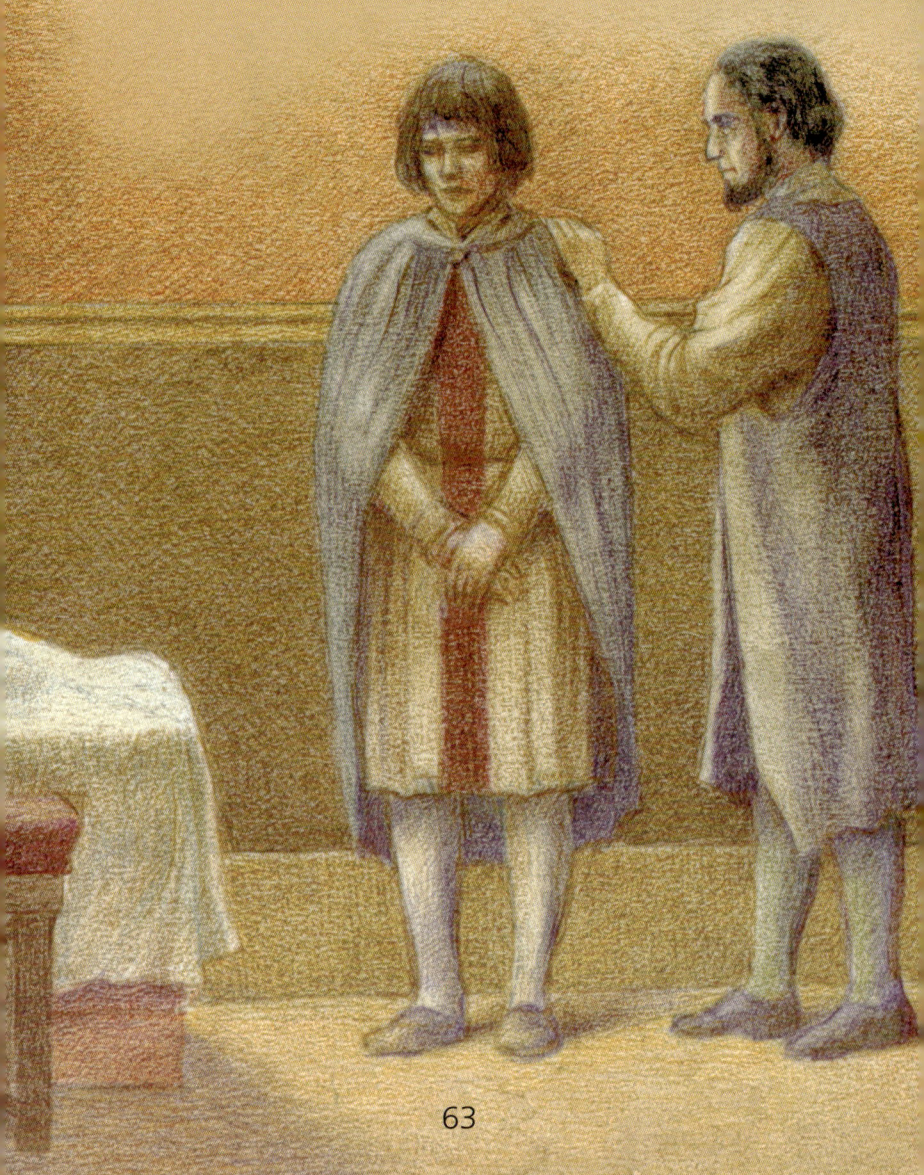

Tras una vida de tormento y lucha interna, su mayor deseo, al ver acercarse la muerte, fue el de encontrar por fin la paz espiritual.

Miguel Ángel dejó escrito en su testamento que deseaba ser enterrado en Florencia. Su última voluntad se cumplió. Sus restos descansan en la iglesia de la Santa Croce.

Una extraña leyenda

Se cuenta que, al exhumarse sus restos mortales, 130 años después de su muerte, su rostro seguía aún reconocible, sin síntomas de descomposición. ¿Leyenda o realidad?

Algunas de sus frases más célebres fueron:

«La perfección no es cosa pequeña,
pero está hecha de pequeñas cosas».

«La verdadera obra de arte no es más
que una sombra de la perfección divina».

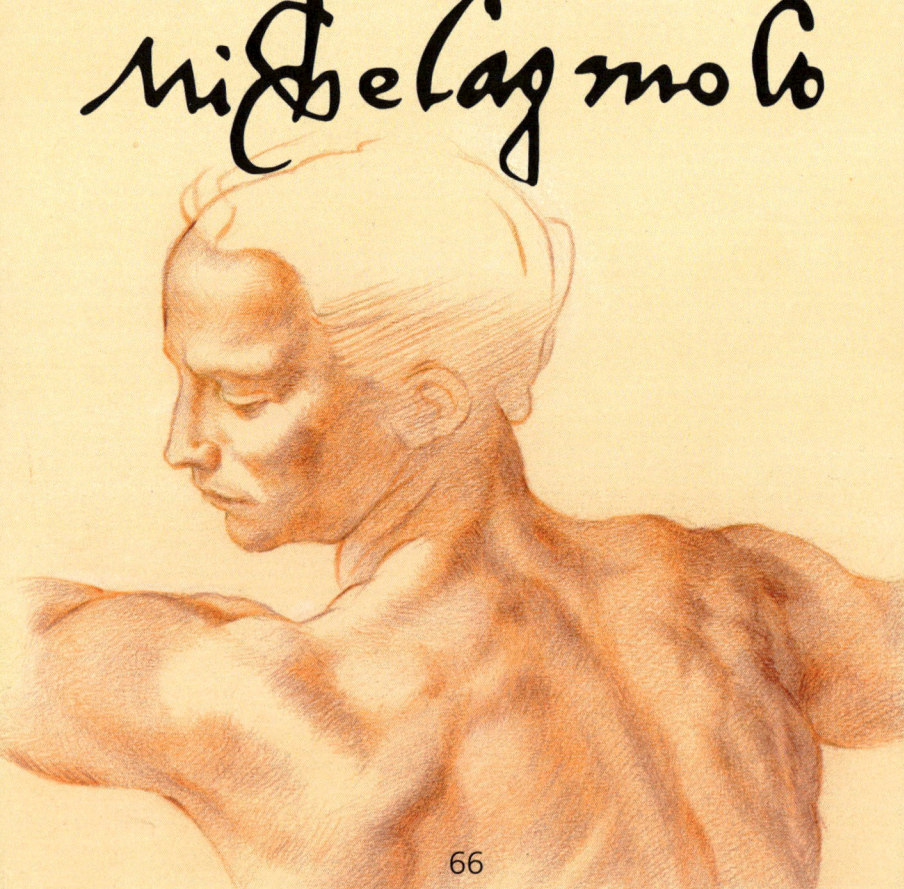

«Señor, haz que yo siempre pueda desear
más de lo que puedo lograr».

«Cada bloque de piedra tiene
una estatua en su interior y es tarea
del escultor descubrirla».

«Solo tengo que labrar fuera
de las paredes rugosas que aprisionan
la aparición preciosa, para revelar a los
otros ojos cómo la veo con los míos».

«Si supieras la cantidad de trabajo
que hay en ello, no lo llamarías genio».

«¿Qué espíritu es tan vacío y ciego que
no puede reparar en el hecho de que el pie
humano es más noble que el zapato y que la
piel humana es más hermosa que la prenda
con la que se cubre? Las cosas materiales solo
otorgan placer momentáneo. El verdadero
valor está en lo que somos».

Miguel Ángel

Michelangelo Buonarroti, conocido como
Miguel Ángel (Caprese, 1475-Roma, 1564),
fue un escultor, pintor, arquitecto y poeta
renacentista. Se le considera uno de los más
grandes artistas de la historia, sobre todo por
obras tan conocidas como sus esculturas *David*,
La Piedad y *Moisés*, y sus bellas pinturas, como las
de la gran bóveda de la Capilla Sixtina. Trabajó
incansablemente hasta sus últimos años para sus
grandes mecenas, los Medici, y los diferentes
papas a los que sirvió. De ahí que su lugar
de residencia oscilara entre las ciudades
de Florencia y Roma a lo largo de su vida.
Trabajador incansable, perfeccionista
insatisfecho, de carácter fuerte y convicciones
férreas, religioso, profundo observador y amante
de la belleza clásica, está considerado uno de
los más grandes artistas del Renacimiento.

CONTEXTO HISTÓRICO

El norte de Italia estaba dividido en ciudades-Estado (Milán, Florencia, Venecia...). Entre ellas hubo largas y constantes luchas de poder. A lo largo del siglo XV, las más poderosas se anexionaron a sus vecinas, inmersas en un constante conflicto bélico.

Con el tiempo, en 1454, Florencia y Milán firmaron la paz, lo que trajo consigo una relativa calma por primera vez en mucho tiempo. Florencia pasó a estar gobernada por los Medici. De la mano de un Medici se logró firmar la paz con los Sforza, lo que terminó con décadas de guerra contra Milán y estabilizó el norte de Italia, salvo breves intervalos.

Francesco Sforza tomó el poder en Milán y la ciudad se convirtió en otro centro artístico, al igual que Venecia, que adquirió el control del mar. El resto de las ciudades-Estado copiaron el modelo de mecenazgo y la cultura renació con fuerza. Los ideales del Renacimiento se extendieron. Las transformaciones que este movimiento generó en la cultura, la sociedad, la economía, la política y la religión fueron evidentes y supusieron una evolución con respecto a las estructuras medievales y la transición del feudalismo al capitalismo. Con todo, donde más impacto tuvo el Renacimiento fue en el ámbito de las artes, la filosofía y las ciencias. Suavizó la influencia del misticismo religioso, dando mayor protagonismo a la racionalidad, la ciencia y la naturaleza. Este movimiento marcaría, por tanto, la transición entre el medievo y la modernidad.

LEER CON SUSAETA